BEI GRIN MACHT SICH IHR WISSEN BEZAHLT

AF137170

- Wir veröffentlichen Ihre Hausarbeit,
  Bachelor- und Masterarbeit

- Ihr eigenes eBook und Buch -
  weltweit in allen wichtigen Shops

- Verdienen Sie an jedem Verkauf

Jetzt bei www.GRIN.com hochladen und kostenlos publizieren

Einsatzgebiete und Grenzen des Cloud Computing in Unternehmen

Joerg F. Walbaum

Bibliografische Information der Deutschen Nationalbibliothek:

Die Deutsche Nationalbibliothek verzeichnet diese Publikation in der Deutschen Nationalbibliografie; detaillierte bibliografische Daten sind im Internet über http://dnb.d-nb.de abrufbar.

ISBN: 9783346418074
Dieses Buch ist auch als E-Book erhältlich.

Cloud Computing

Einsatzgebiete und Grenzen des Cloud Computing in Unternehmen

Assignment im Modul IMG40

AKAD University

eingereicht von:

Jörg F. Walbaum

Studiengang: Data Science -Bachelor of Science (B.Sc.)

Hamburg, den 16. April 2021

Inhaltsverzeichnis

Abkürzungsverzeichnis

AGB	Allgemeine Geschäftsbedingungen
AWS	Amazon Web Services
BSI	Bundesamt für Sicherheit in der Informationstechnik
bzw.	beziehungsweise
CRM	Customer Relationship Management
DSGVO	Datenschutz-Grundverordnung
EU	Europäische Union
IaaS	Infrastructure as a Service
i.d.R.	in der Regel
IDW	Institut der Wirtschaftsprüfer
IPO	Initial Public Offering
ISA	International Standards on Auditing
ISO	International Standards Organizations
JET	Journal Entry Testing
KI	Künstliche Intelligenz
O/S	Operating System (Betriebssystem)
PaaS	Platform as a Service
SaaS	Software as a Service
SLA	Service Level Agreement
sog.	sogenannte
u.a.	unter anderem
USA	United States of America
USV	unterbrechungsfreie Stromversorgung
vgl.	Vergleiche
VPN	Virtual Private Network
WPO	Wirtschaftsprüferordnung
z.B.	zum Beispiel

Abbildungsverzeichnis

1 Einleitung

1.1 Problemstellung und Relevanz dieser Arbeit

Cloud Computing hat das Stadium eines Trends überwunden. Die neue Art der Dienstleistungserbringung disruptierte den Markt. Anstatt „Cloud first" heißt es heute unternehmensübergreifend „cloud only".[1] Schritt für Schritt verändert das Cloud Computing die Welt und stellt bestehende IT-Infrastrukturen auf den Prüfstand. Unternehmen erkennen zunehmend die Möglichkeiten Daten fernab eigener Datenbankkapazitäten zu verarbeiten. Welche Risiken die Unternehmen dabei eingehen, und wo Grenzen des Cloud-Computings liegen, ist vielen oft nicht bewusst.

1.2 Ziel dieser Arbeit

Das Ziel dieser Arbeit ist es, die Einsatzgebiete und die Grenzen des Cloud Computings aufzuzeigen. Dabei soll untersucht werden welche Cloud Service- und Liefermodelle es gibt und welche Vor- und Nachteile insbesondere letztere haben. In diesem Zusammenhang soll auch skizziert werden, wann es sich für ein Unternehmen eher nicht empfiehlt Cloud Computing einzusetzen.

1.3 Aufbau dieser Arbeit

Anknüpfend an die Einleitung im ersten Kapitel erfolgt die Erarbeitung der theoretischen Grundlagen im zweiten Teil dieser Arbeit. In diesem werden wichtige Begrifflichkeiten definiert und erläutert. Daneben erfolgt eine technische Einteilung von Cloud Services und wie diese organisiert werden. Das dritte und vierte Kapitel bildet den Schwerpunkt dieser Arbeit. In diesem werden die Einsatzgebiete von Cloud Computing in Unternehmen herausgearbeitet und exemplarisch an einem Praxisbeispiel aus dem Bereich der Wirtschaftsprüfung beschrieben. Darauf aufbauend erfolgt eine Erläuterung der Grenzen anhand der technischen, der wirtschaftlichen und der rechtlichen Perspektive. Abschließend werden die Ergebnisse und eine kritische Reflexion der eigenen Vorgehensweise kurz zusammengefasst.

---

[1] vgl. Kollmann (2020), S. 877

1

2   Theoretische Grundlage

2.1   Cloud Computing

Der Begriff Cloud (auf Deutsch: Wolke) steht als Metapher für das Internet. Cloud Computing beschreibt die Bereitstellung von gemeinsam nutzbaren und flexibel skalierbaren IT-Leistungen über Netzwerke idealtypisch in Echtzeit. Es bietet den Nutzern eine Umschichtung von Investitions- zu Betriebsaufwänden und ist insbesondere für Unternehmen, die über keine eigene IT-Infrastruktur verfügen, eine Alternative.[2] Je nachdem welche Leistungen durch Cloud Computing erbracht werden, unterscheiden sich die Servicemodelle externer Anbieter und die Verantwortungsbereiche der Unternehmen, wie in Abbildung 1 dargestellt.

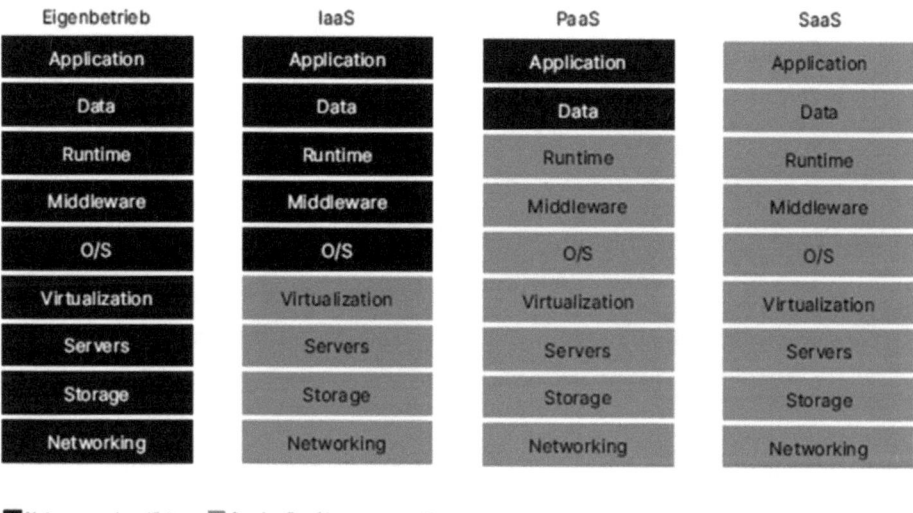

Abbildung 1: Gegenüberstellung der Grenzen der Verantwortungsbereiche[3]

---

[2] vgl. Riggert, 2012, S.11
[3] vgl. https://www.cloud-mag.com/was-ist-cloud-computing/ (abgerufen 15.03.2021)

- Software-as-a-Service (Abkürzung: SaaS)

Bei SaaS handelt es sich um eine ganzheitlich gemietete Dienstleistung, wobei die traditionelle IT-Infrastruktur vollständig ersetzt wird.[4] Der Dienstleister stellt Softwareanwendungen über ein Webinterface oder eine Programmierschnittstelle zur Verfügung. In der Regel hat der Anwender keinen Einfluss auf den Betrieb und die Realisierung der bereitgestellten Anwendungsdienste, kann diese jedoch in gewissem Umfang konfigurieren.[5] Ein Beispiel ist Salesforce, welches CRM-Funktionalitäten bereitstellt.[6]

- Platform-as-a-Service (Abkürzung: PaaS)

Bei PaaS wird auf eine bestehende Infrastruktur aufgebaut. Dem Kunden werden sog. Tools und Umgebungen angeboten, mit denen eine Weiter- oder Neuentwicklung von Anwendungen ermöglicht wird.[7] Der Anwender behält die Kontrolle über die Anwendungssoftware, nutzt aber standardisierte Softwarekomponenten (Entwicklungssoftware, Middleware, Softwarebibliotheken, Betriebssystem), welche vom Dienstleister zur Verfügung gestellt und gewartet werden.[8] Ein Beispiel hierfür ist die Cloud Computing Plattform Azure von Microsoft.[9]

- Infrastructure-as-a-Service (Abkürzung: IaaS)

Bei IaaS bietet der Dienstleister elementare Dienste an, wie beispielsweise Rechenleistungen in Form von virtuellen Maschinen, Speicher- oder Nachrichtendiensten sowie Netzwerkdiensten, welche vom Anwender genutzt werden können.[10] Tendenziell nutzen Kunden mit komplexen Anwendungslandschaften dieses Modell, welche mit bestehender Hardware nicht handhabbar ist.[11] Ein Beispiel sind die Amazon Web Services.[12]

Die Cloud-Dienstleistungen besitzen verschiedene Organisationsformen. Das Bereitstellungsmodell bzw. Liefermodell hängt dabei von den Eigentumsverhältnissen und der Betriebsart ab. Eine Public Cloud ist hochstandardisiert und für die breite Öffentlichkeit zugänglich. Die Private Cloud hingegen ist nicht frei zugänglich und stellt häufig eine

---

[4] vgl. Kollmann, 2020, S. 887
[5] vgl. Hansen/ Mendling/ Neumann, 2019, S. 615
[6] vgl. https://www.salesforce.com/de/products/ (abgerufen am 15.03.2021)
[7] vgl. Kollmann, 2020, S. 887
[8] vgl. Hansen/ Mendling/ Neumann, 2019, S. 615
[9] vgl. https://azure.microsoft.com/de-de/ (abgerufen 15.03.2021)
[10] vgl. Hansen/ Mendling/ Neumann, 2019, S. 617
[11] vgl. Kollmann, 2020, S. 886f
[12] vgl. https://aws.amazon.com/de/ (abgerufen 15.03.2021)

unternehmensindividuelle Cloud dar, welche Daten und Informationen entweder ausschließlich dem Unternehmen oder auch deren Kunden und Lieferanten bereitstellt. Die Hybrid Cloud stellt eine Mischform aus Public und Private Cloud dar. Dabei erfolgt innerhalb der Private Cloud der Zugang über eine gesicherte Verbindung, wie z.B. VPN, während gleichzeitig eine Public Cloud verwendet wird.[13] Ein eher seltener Spezialfall ist die sog. Community Cloud oder Gemeinschaftscloud, welche von mehreren Unternehmen nicht öffentlich genutzt und bereitgestellt werden, um gemeinsam auf bestimmte Dienste zurückzugreifen.[14]

---

[13] vgl. Kollmann, 2020, S. 887f
[14] vgl. https://www.cloud.fraunhofer.de/de/faq/publicprivatehybrid.html (abgerufen 24.03.2021)

3 Einsatzgebiete von kommerziellem Cloud Computing

Die Einführung von Cloud Computing schreitet in verschiedenen Branchen dynamisch voran. Gründe dieser Entwicklung und die zunehmende Integration in Unternehmen liegen in den charakteristischen Eigenschaften, wie den netzwerkbasierten Zugriffsmöglichkeiten, der hohen Flexibilität, den Leistungssteigerungen, der Elastizität und den Skalierungsmöglichkeiten, welche das Cloud Computing für die Weiterentwicklung von Unternehmensprozessen bietet. Dabei unterscheidet man in industrielle und kommerzielle Clouds. Während industrielle Cloud Lösungen hochspezialisiert und für einen industriellen Prozess, wie z.b. die Komponentenherstellung entwickelt und eingesetzt werden, bezieht sich der kommerzielle Einsatz von Cloud Computing auf zahlende Kunden, ohne Spezialisierung auf eine bestimmte Branche. Ein großer Unterschied zwischen den beiden Cloud Lösungen besteht darin, wie sie in den Geschäftsbetrieb integriert werden. Der Hauptfokus der industriellen Cloud ist den vertikalen Integrationsprozess zu forcieren und Mehrwerte innerhalb von Branchengrenzen zu erzielen. Kommerzielle Cloud Lösungen, auf welche sich nachfolgend diese Arbeit konzentriert, setzen hingegen auf einen horizontalen Ansatz und darauf, Werte außerhalb bestehender Branchengrenzen zu schaffen.[15] Jede Cloud ist prinzipiell eine selbständige Plattform mit unterschiedlichen Diensten. Die aktuell prominentesten kommerziellen Cloud Plattformen sind Microsoft Azure, Google Cloud Platform und Amazon Web Services (AWS).[16] Nachfolgend wird exemplarisch am Beispiel der Wirtschaftsprüfung dargestellt, was beim Einsatz einer kommerziellen Cloud Lösung berücksichtigt werden muss und wie eine Cloud Architektur darauf aufbauend aussehen könnte.

3.1 Cloud Computing in der Wirtschaftsprüfung

Die Digitalisierung von Prozessen führt zu einem dynamischen Anstieg der Datenmengen in Unternehmen. Um die zunehmende Datenflut beherrschbar zu machen, muss die Wirtschaftsprüfung bzw. international agierenden Wirtschaftsprüfungsgesellschaften neue Methoden und IT-Architekturen für die Datenanalyse entwickeln und implementieren. Eine zentrale Herausforderung bei der Umstellung auf eine Cloud für Datenanalyse ist insbesondere die Akzeptanz auf der Kunden- bzw. Mandantenseite. Des Weiteren müssen

---

[15] vgl. https://www.exorint.com/de/blog/was-ist-der-unterschied-zwischen-einer-kommerziellen-und-einer-industriellen-cloud (abgerufen 24.03.2021)
[16] vgl. Borges/ Werners (2018), S. 16

bestehende Programme und IT-Strukturen migriert und angepasst, die Mitarbeiter geschult und gegebenenfalls zusätzliche Mitarbeiter mit entsprechendem Know-How akquiriert werden.

Der Einsatz von Cloud Computing verspricht für Unternehmen bzw. Wirtschaftsprüfungsgesellschaften prinzipiell folgende klassische Vorteile:

- Kosteneinsparungen durch den flexiblen Bezug von Rechenressourcen (Public Cloud) oder Komprimierung bestehender Ressourcen im Unternehmen (Private Cloud)
- Performancevorteile und erhöhte Datenverfügbarkeit durch Bündelung bestehender IT-Ressourcen und redundante Datenhaltung, was insbesondere bei der Analyse großer Datenmengen (Big Data) Effizienzvorteile bringt
- Kompensierung von temporären Auslastungsspitzen bestimmter Bereiche entweder durch interne, freie Kapazitäten (Private Cloud) oder externe Ressourcen (Public Cloud)
- Steigerung der Flexibilität der Organisation und Reduzierung von IT-Administrationsaufwand durch Zentralisierung der Hardware und des Cloud-Betriebs
- Zentralisierung der Datensicherheitsverantwortung und -umsetzung ermöglicht effektivere Kontrolle der Einhaltung der Datenschutz-, Datensicherheitsvorschriften und -mechanismen

Neben den klassischen ergeben sich zudem wirtschaftsprüfungsspezifische Vorteile, wie beispielsweise Netzwerkeffekte. Durch die Zusammenarbeit auf einer gemeinsamen Plattform, Erhöhung der Transparenz und Vergleichbarkeit innerhalb des Netzwerkes wird ermöglicht, dass Mandanten und Märkte besser miteinander verglichen werden und die Prüfung zielgerichteter erfolgen kann. Letztendlich ermöglicht der Einsatz des Cloud Computings neue Prüfungsmöglichkeiten und -methoden, insbesondere für rechenintensive Ansätze und Nutzung von Big-Data-Anwendungen, wie beispielsweise Massedaten-Analysen aus verschiedenen Quellen und Systemen.

So können beispielhaft durch Methoden des Process Minings alle Prozess- und Transaktionsspuren in Echtzeit zusammengeführt werden und traditionelle „analoge" Prüfungshandlungen, wie Interviews oder Befragungen, entfallen. Dadurch kann sich die Effizienz des Prüfungsprozesses signifikant erhöhen. Auch Technologien wie künstliche Intelligenz (KI) oder Text Mining, welche zukünftig in der Wirtschaftsprüfung zum Einsatz kommen können, lassen sich durch Cloud Computing realisieren und die Prüfungsleistung weiter optimieren und qualitativ verbessern.[17]

Aber es gibt auch Nachteile und Risiken, welche berücksichtigt werden müssen:

- Daten können über das Internet durch Cyberangriffe Dritter zugänglich gemacht werden. Da es keine einheitlichen Standards für die Cloud gibt, kann derzeit nicht automatisch davon ausgegangen werden, dass diese vollkommen sicher ist. Zudem ist die Umsetzung von Datenschutz beim Cloud Anbieter durch den Endkunden häufig nur unzureichend prüfbar. Nachgelagert können daraus aber rechtliche Risiken entstehen, auf welche in Kapitel 4 näher eingegangen wird.
- Cloud Systeme benötigen eine schnelle Internetverbindung. Bei Ausfall des Internets können Mitarbeiter eventuell nicht mehr auf Dokumente zugreifen und könnten temporär arbeitsunfähig sein. Zudem kann langsames Internet auch das Arbeitstempo und damit die Produktivität beeinflussen.[18]
- Public Cloud-Modelle sehen nur Standardanwendungen innerhalb der Cloud vor, was die Möglichkeit der Integration von Eigenanwendungen begrenzt.[19] Daneben obliegt die Verfügungshoheit der Daten i.d.R vollständig dem Cloud-Dienstleister, was insbesondere im Hinblick auf die Sensibilität der Daten im Bereich der Wirtschaftsprüfung kritisch gesehen werden kann.
- Durch Nutzung des Cloud Computings gehen zunehmend Fachkenntnisse im IT-Bereich für die nutzenden Unternehmen zurück und es entstehen anbieterseitige Abhängigkeiten, die in Form von Preis- und Gebührenanpassungen ausgenutzt werden können. Da es keine einheitlichen Standards für Cloud Computing gibt, können sich Anbieterwechsel zudem kostenintensiv darstellen.[20]
- Die Komplexität der IT-Orchestrierung erhöht sich, insbesondere wenn unterschiedliche Lösungen (Public, Private) mit On-Premise-Standardsoftware und

---

[17] vgl. Adelmeyer/ Teuteberg (2018), S. 91f
[18] vgl. Lindner/ Niebler/ Wenzel (2018), S. 17ff
[19] vgl. Heuberger/ Herrmann (2018), S. 22
[20] vgl. Borges/ Werners (2018), S. 16

On-Premise-Eigenentwicklungen sowie gegebenenfalls Drittanbieter-Anwendungen interagieren müssen. Dadurch erschwert sich u.a. die Wartung und es kann zu Netzwerkausfällen kommen.[21]

Geschäftsmodellspezifisch hat das Thema Datensicherheit bei Wirtschaftsprüfungsgesellschaften eine sehr hohe Relevanz. Diese können in drei Schutzziele der Informationssicherheit unterteilt werden: Verfügbarkeit, Integrität und Vertraulichkeit. Hinsichtlich Verfügbarkeit müssen der Zugriff und der Transfer von Daten für autorisierte Personen zu jedem Zeitpunkt gewährleistet sein, unabhängig von einer unternehmensinternen oder – externen Cloud Architektur. Entsprechend müssen technische und organisatorische Maßnahmen, wie z.b. unterbrechungsfreie Stromversorgung (USV) und regelmäßige Backups (Private Cloud), bzw. deren Funktionsfähigkeit, beim Cloud Anbieter (Public Cloud) sichergestellt werden. Beim Thema Integrität stellt die Verhinderung unautorisierter Modifikationen von Daten, Software und Hardware, aufgrund der Vielzahl von Nutzern und Zugangsmöglichkeiten vor allem in der Organisationsform Public Cloud, eine große Herausforderung dar. Es ist elementar, dass nur berechtigte Personen Zugriff auf Daten und Systeme haben. Hierbei müssen sowohl externe, als auch interne Aspekte und Gefahren einbezogen werden. Das Schutzziel Vertraulichkeit beinhaltet, dass insbesondere beim Einsatz einer Public Cloud sichergestellt ist, dass bestehende Sicherheitsmaßnahmen nicht negativ beeinflusst werden. Auch müssen vorliegende Standards (z.B. ISO 27001) eingehalten werden und sich an den Anforderungskatalogen des Bundesamtes für Sicherheit in der Informationstechnik (BSI) orientieren.

Eine weitere Herausforderung bei der Nutzung von Cloud Computing in diesem Sektor ist die Einhaltung des Datenschutzes. Seit 2018 müssen nach EU-Datenschutzgesetz (EU-DSGVO) Wirtschaftsprüfungsgesellschaften die vorgeschriebenen technischen und organisatorischen Maßnahmen sicherstellen. Daneben müssen u.a. bei der länderübergreifenden Speicherung und Verarbeitung zusätzlich auch die nationalen Vorgaben zum Datenschutz berücksichtigt werden. Ebenso, wie die Besonderheiten bei der Speicherung und Verarbeitung gewisser Daten, wie z.B. medizinischer Daten, sind teilweise die Nutzungsmöglichkeiten von Public Cloud-Modellen eingeschränkt.

---

[21] vgl. Lünendonk (2019)

Die Übermittlung in Drittstaaten außerhalb der EU ist nur unter bestimmten Vorausset-zungen möglich, was insbesondere bei der Wahl des Dienstleisters und regionalen Aus-gestaltung des Cloud Modells berücksichtigt werden muss. Gleiches gilt auch für berufs-ständische und rechtliche Aspekte, welche miteinbezogen werden müssen. Die Wirt-schaftsprüfung unterliegt gewissen Standards (IDW, ISA, IPO) und umfangreicher be-rufsrechtlicher und gesetzlicher Vorschriften. Diese können eine globale Nutzung von Tools und Teilstrukturen begrenzen, sodass eine länderübergreifende Cloud Lösung pri-mär zusammenfassend zwischen Ländern mit ähnlichen rechtlichen Bestimmungen mög-lich ist.[22]

Große, international aktive Wirtschaftsprüfungsgesellschaften entwickeln ihre Software-programme zur digitalen Datenanalyse in der Regel selbst[23] und nutzen hierfür häufig herstellergebundene Eigenentwicklungen, beispielsweise auf Basis von Standardsoftware von Microsoft oder SAP. Zwar kommen auch Standardanwendungen, wie das Journal Entry Testing (JET), das Standardanalysen in der Revision ermöglicht, zum Einsatz. Je-doch überwiegen die Eigenentwicklungen, welche integriert werden müssen. Bei der Migration, der im Unternehmen eingesetzten Datenanalysen in eine Cloud Architektur, gibt es prinzipiell keine technischen Restriktionen. Je nach Standardisierungsgrad und Einsatzzweck der Datenanalysetechnik und- methoden ist die Umsetzung in allen Ser-vicemodellen, welche in Kapitel 2 genannt wurden, darstellbar. Die Services werden da-bei innerhalb der verschieden Cloud-Servicemodelle von den unterschiedlichen Fachbe-reichen, je nach Bedarf, genutzt und gegebenenfalls auch den Mandanten in Datenräumen zur Verfügung gestellt.[24] Aufgrund der skizzierten Anforderungen und Rahmenbedin-gungen u.a. durch die Sensibilität der zu analysierenden Unternehmensdaten, den restrik-tiven und regulatorischen Vorgaben sowie dem hohen Anteil der zu integrierenden Ei-genentwicklungen in die Architektur, ist zusammenfassend eine Private-Cloud-Lösung, wie in Abbildung 2 dargestellt, zu bevorzugen.

---

[22] vgl. Adelmeyer/ Teuteberg (2018), S. 94ff
[23] vgl. Riedel (2017), S. 56
[24] vgl. Adelmeyer/ Teuteberg (2018), S. 97

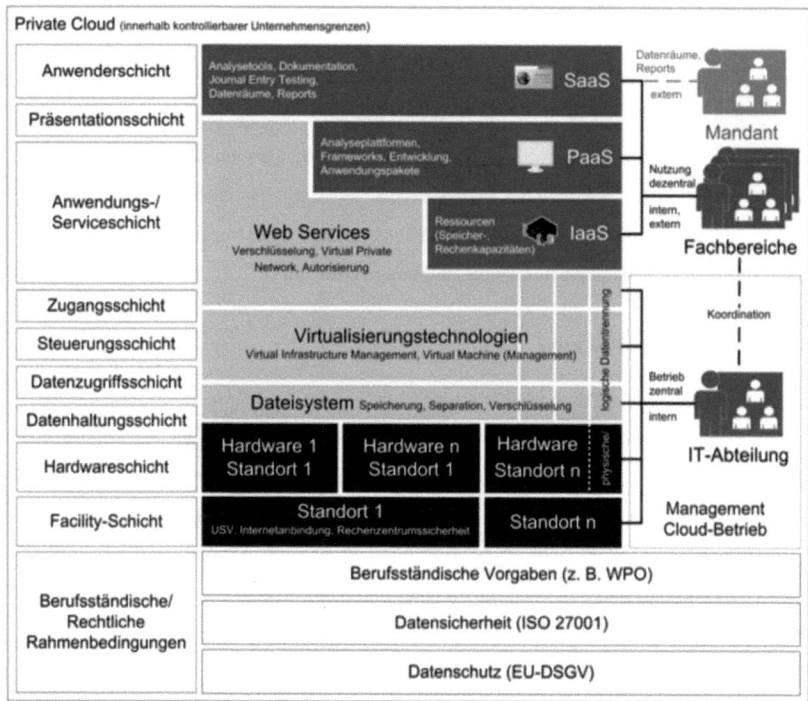

Abbildung 2: Aufbau einer Cloud-Architektur für Datenanalyse in der Wirtschaftsprüfung[25]

Eine Private Cloud-Lösung bietet sich zudem an, weil die Infrastruktur von der nutzenden Organisation verwaltet wird und die Kontrolle der Daten sowie die Datenhoheit innerhalb des Unternehmens bleibt. Bei einer Public Cloud würde die Steuerung der Infrastruktur, der Anwendung sowie der Verfügungshoheit über die Daten weitgehend an den Betreiber delegiert werden, was unter den Gesichtspunkten der Sensibilität der Daten und möglicher Vorbehalte der Mandanten, insbesondere aus dem Bereich des Finanz- und Gesundheitswesens, in der Umsetzung problematisch sein könnte. Ähnlich verhält es sich bei einer Hybrid Cloud. Auch hier kann es, aufgrund der zum Teil geöffneten Cloud, kundenseitige Vorbehalte geben.[26] Zusammenfassend zeigt sich, dass sich die Umsetzung in der Praxis häufig herausfordernd darstellt und es Grenzen gibt. Es müssen viele branchenspezifische und unternehmensindividuelle Facetten berücksichtigt werden, insbesondere bei der Wahl des Liefermodells.

---

[25] vgl. Adelmeyer/ Teuteberg (2018), S. 99
[26] vgl. Adelmeyer/ Teuteberg (2018), S. 96

4 Grenzen des Cloud Computing

Cloud Computing ist für Unternehmen in vielen Fällen eine geeignete Möglichkeit IT-Leistungen zu erbringen. Wie sich in dem Praxisbeispiel aus der Wirtschaftsprüfung in Kapitel 3.1. bereits angedeutet hat, gibt es aber auch (geschäftsmodellspezifische) Grenzen, insbesondere bei der Wahl des Liefermodells. Auf Basis der technischen, wirtschaftlichen und rechtlichen Perspektive werden nachfolgend die Grenzen dargestellt, und wann es nicht zu empfehlen ist Cloud Computing zu nutzen.

4.1 Technische Perspektive

Der Einsatz von Cloud Computing bzw. der Einsatz von Cloud Services umfasst alle Bereiche eines Unternehmens, daher sollten neben der IT auch Fach- und Querschnittsbereiche bei der Entwicklung der Cloudstrategie einbezogen werden. Die Migration ist für die meisten Unternehmen in der Regel nicht alltäglich, jedoch hat die Umsetzung nachhaltig organisatorische Auswirkungen. Die Entwicklung, weg von der unternehmensinternen IT-Leistungserstellung und hin zu einer unternehmensausgelagerten Leistungserstellung, führt zu einer Umverteilung von Aufgaben und verändert nachhaltig die Rolle der IT-Organisation: vom Betrieb von IT-Systemen hin zu einem Management externer Sourcing-Dienstleister, das Prozessunterstützung und Partner des Business wird.[27] Den Unternehmen muss bewusst sein, dass der Gang in die Cloud in der Regel ein unumkehrbarer Prozess ist und nachgelagert auch Veränderungsbereitschaft auf Unternehmensseite voraussetzt.

4.2 Wirtschaftliche Perspektive

Mit Cloud Computing erhalten Unternehmen prinzipiell die Chance Investitionen zu reduzieren, da u.a. weniger Kapital in IT-Anlagen und Systemen gebunden wird. Zudem gewährleistet die verbrauchsabhängige Abrechnung der bezogenen IT-Leistungen eine stärke Verknüpfung der IT-Kosten mit den Anforderungen des Geschäftsmodells. Jedoch ist die Einführung von Cloud Anwendungen auch mit erhöhten Umrüstkosten verbunden. Auch entstehen, wie bereits in Kapitel 3.1 skizziert, nach Umsetzung teilweise anbieterseitige Abhängigkeiten, was den Unternehmen bewusst sein muss.

---

[27] vgl. Münzl/ Pauly/ Reti (2015), S. 24ff

Das Abhängigkeitsverhältnis kann von Seiten des Providers ausgenutzt werden und sich in Form von regelmäßigen Preiserhöhungen materialisieren. Für eine umfassende Betrachtung sind von Seiten der Unternehmen sowohl quantitative (u.a. Kapitalwert der Investition), als auch qualitative Faktoren (u.a. operative Flexibilität, Abhängigkeiten, Handlungsflexibilität im Worst Case) in die Wirtschaftlichkeitsanalyse miteinzubeziehen. Nur wenn die Analyse insgesamt zu einem positiven Ergebnis kommt, ist der Einsatz zu empfehlen. Jedoch sollte die Zusammenarbeit mit dem Anbieter klar konfiguriert und zur Garantie der Dienstgüte ein Service Level Agreement (SLA) formuliert werden, welches die Risiken und Bedenken des Kontrollverlustes der Unternehmensdaten und der Datensicherheit, insbesondere bei Public und Hybrid Clouds, begrenzt. Generell sollte ein systematisches Controlling und Monitoring des Anbieters über die gesamte Nutzungsdauer, hinsichtlich Cloud-bezogener Risiken, erfolgen.[28]

4.3 Rechtliche Perspektive

Bei der Umsetzung und Verlegung weiter Teile der IT-Infrastruktur in die Cloud müssen zahlreiche rechtliche Aspekte auf lokaler, nationaler und internationaler Ebene berücksichtigt werden. Neben Datenschutzthemen geht es dabei u.a. um mögliche Intriganzen in den AGBs der Cloud Anbieter, den Mitspracherechten des Betriebsrates, der Revisionssicherheit und der Erfüllung von Anforderungen des Geheimnisschutzes. Es wird empfohlen, dass sich Unternehmen einen Überblick über die rechtlichen Themen verschaffen, die beim Einsatz ihr Geschäftsmodell tangieren. So stellen sich bei Cloud-Anbietern aus den USA, hinsichtlich internationalem Datentransfer, ganz andere Themen, als bei einem europäischen Anbieter. Die Entscheidung zwischen einem nationalen oder internationalen Cloud-Anbieter sollte entsprechend wohl bedacht sein. Zum Beispiel kann es Sinn machen, bei länderübergreifenden Cloud-Lösungen, die Architektur regional auf Länder mit ähnlichen rechtlichen Bestimmungen zu beschränken (z.B. Europa), um die Rechtssicherheit zu erhöhen.[29] Zusammenfassend erfordert eine Entscheidung für das Cloud Computing in geschäftskritischen Bereichen alle Perspektiven zu analysieren und insbesondere auch eine rechtliche Prüfung aller Kriterien vorzunehmen, denn nur so können sich Unternehmen neben Reputationsrisiken auch vor hohen Bußgeldern bei Verstößen gegen Vorschriften und rechtlichen Risiken schützen.

---

[28] vgl. Lamberth/ Weisbecker (2010), S. 123ff
[29] vgl. https://www.it-business.de/der-gang-in-die-cloud-ist-rechtlich-holprig-a-948285/ (abgerufen 24.03.2021)

5 Schlussbetrachtung

5.1 Zusammenfassung

Die Einführung von Cloud Computing schreitet in vielen Sektoren dynamisch voran. Gründe dieser Entwicklung liegen häufig in den charakteristischen Eigenschaften, wie den netzwerkbasierten Zugriffsmöglichkeiten, der hohen Flexibilität, den Möglichkeiten der Leistungssteigerung, der Elastizität und der Skalierung, welche das Cloud Computing für die Weiterentwicklung von Unternehmensprozessen bietet. Ein weiterer Vorteil sind mögliche Kosteneinsparungen durch die verbrauchsabhängige Abrechnung der bezogenen IT-Leistungen, welche sich stärker an den operativen Bedürfnissen des Geschäftsmodells orientieren. Häufig überwiegen offensichtlich die Vorteile, jedoch gibt es auch Nachteile und Risiken, wie beispielsweise das mögliche Entstehen von Abhängigkeitsverhältnissen vom Cloud Anbieter. Des Weiteren werden stabile Internetverbindungen benötigt, und es gibt bislang keine einheitlichen Standards, was den Wechsel zu anderen Anbietern erschweren kann. Den Unternehmen muss bewusst sein, dass die Entwicklung weg von der unternehmensinternen IT-Leistungserstellung hin zu einer unternehmensausgelagerten Leistungserstellung zum Verlust der eigenen IT-Kompetenzen führen kann. Daher sollte bei einer Entscheidung für das Cloud Computing in geschäftskritischen Bereichen, neben der technischen, auch die wirtschaftliche Perspektive auf Basis quantitativer (u.a. Kapitalwert der Investition) und qualitativer Faktoren (u.a. operative Flexibilität, Abhängigkeiten, Handlungsflexibilität im Worst Case) geprüft werden. Dabei ist auch eine rechtliche Prüfung aller Kriterien zu empfehlen, insbesondere in Sektoren, wie z.B. der Wirtschafsprüfung, welche hochsensible Daten verarbeiten. Denn nur so können sich Unternehmen, neben Reputationsrisiken, auch vor möglichen hohen Bußgeldern bei Verstößen gegen Vorschriften und rechtlichen Risiken schützen.

5.2 Kritische Reflexion der eigenen Vorgehensweise

In diesem Assignment wurde exemplarisch nur ein Sektor bzw. Anwendungsbeispiel betrachtet, überwiegend basierend auf Literaturrecherche. Der Autor hat begrenzte praktische Erfahrungen mit der Integration von Cloud Systemen. Ein Vergleich zwischen mehreren Sektoren und Einsatzgebieten sowie das Führen von Interviews mit Experten wäre eine Bereicherung für diese Arbeit gewesen, hätte aber den vorgegebenen Umfang dieser Arbeit ausgereizt.

Literaturverzeichnis

Adelmeyer, M./ Teuteberg, F. (2018)
Cloud Computing: Infrastruktur der Digitalisierung. Springer Fachmedien Wiesbaden.

AWS – Internetquelle –
https://aws.amazon.com/de/ (abgerufen am 15.03.2021)

Borges, G./ Werners, B. (2018)
Identitätsmanagement im Cloud Computing: Evaluation ökonomischer und rechtlicher
Rahmenbedingungen. Springer Berlin, Heidelberg.

Cloudmag – Internetquelle –
https://www.cloud-mag.com/was-ist-cloud-computing/ (abgerufen 15.03.2021)

Exorint – Internetquelle –
https://www.exorint.com/de/blog/was-ist-der-unterschied-zwischen-einer-kommerziel-
len-und-einer-industriellen-cloud (abgerufen 24.03.2021)

Fraunhofer Cloud – Internetquelle –
https://www.cloud.fraunhofer.de/de/faq/publicprivatehybrid.html
(abgerufen 24.03.2021)

Hansen, H./ Mendling, J./ Neumann, G. (2019)
Wirtschaftsinformatik: Grundlagen und Anwendungen. 12. Auflage. Walter de Gruyter
GmbH. Berlin, Boston.

Heuberger, N./ Herrmann, F. (2018) – Internetquelle –
https://opus4.kobv.de/opus4-oth-regensburg/frontdoor/deliver/i
dex/docId/186/file/AKWI_201808_3_Herrmann.pdf. (S. 20 – 27). (abgerufen am
24.03.2021)

IT-Business – Internetquelle –

https://www.it-business.de/der-gang-in-die-cloud-ist-rechtlich-holprig-a-948285/ (abgerufen 24.03.2021)

Kollmann, T. (2020)

Handbuch Digitale Wirtschaft. Springer Fachmedien Wiesbaden GmbH.

Lindner, D./ Niebler, P./ Wenzel, M. (2020)

Der Weg in die Cloud: Ein Leitfaden für Unternehmer und Entscheider. Springer Fachmedien Wiesbaden GmbH.

Lünendonk (2019) – Internetquelle –

Mit S/4HANA in die digitale Zukunft: Status, Ziele und Trends bei der Einführung von S/4HANA im deutschsprachigen Raum. https://www.luenendonk.de/produkte/studienpublikationen/luenendonk-studie-2019-mit-s-4hana-in-die-digitale-zukunft/ (abgerufen am 27.03.2021)

Microsoft – Internetquelle –

https://azure.microsoft.com/de-de/. (abgerufen am 15.03.2021)

Riedel, P. (2017) – Internetquelle –

WPK Magazin: Mitteilung der Wirtschaftsprüferkammer. Ausgabe 04/2017. https://www.wpk.de/uploads/tx_templavoila/WPK_Magazin_4-2017.pdf (abgerufen 24.03.2021)

Riggert, W. (2012)

Rechnernetze: Grundlagen- Ethernet -Internet. Fachbuchverlag Leipzig im Carl-Hanser-Verlag Leipzig.

Salesforce – Internetquelle –

https://www.salesforce.com/de/products/. (abgerufen 20.03.2021)

Münzl, G./ Pauly, M./ Reti, M. (2015)

Cloud Computing als neue Herausforderung für Management und IT. Springer Berlin Heidelberg.

Lamberth, S./ Weisbecker, A. (2010) – Internetquelle –

https://subs.emis.de/LNI/Proceedings/Proceedings178/123.pdf (abgerufen 24.03.2021)

BEI GRIN MACHT SICH IHR WISSEN BEZAHLT

- Wir veröffentlichen Ihre Hausarbeit,
  Bachelor- und Masterarbeit

- Ihr eigenes eBook und Buch -
  weltweit in allen wichtigen Shops

- Verdienen Sie an jedem Verkauf

Jetzt bei www.GRIN.com hochladen
und kostenlos publizieren